AF509695

ASTRONOMIE.

SYSTÈME NÉOCARTÉSIEN

ou

MÉCANIQUE CÉLESTE

Expliquée par les effets de la rotation.

N° 1.

AVANT-PROPOS.

Depuis Descartes, c'est-à-dire depuis deux siècles, le secret de la mécanique céleste n'a pas cessé d'exercer la sagacité des penseurs curieux de s'expliquer la cause des mouvements des astres. Pendant quelque temps on a cru que ce secret se trouvait dévoilé par la théorie cartésienne des tourbillons, dont la grandiose simplicité avait de prime saut enlevé les suffrages des plus grands philosophes. Mais ensuite on s'est imaginé que le système de la gravité, postérieurement inventé par Newton, rendait un compte plus exact des révolutions de la sphère. Dès lors presque tous les philosophes géomètres, se laissant séduire par le mysticisme mathématique et par l'apparente profondeur de la doctrine newtonienne, ont pris parti pour le nouveau système, et ne se sont plus occupés du principe cartésien, que pour en faire ressortir les défauts qui devaient le faire rejeter. Après une lutte qui a fait perdre de vue tout ce qui tendait le plus à donner de la vraisemblance à l'ingénieuse idée des tourbillons, ceux qui étaient restés jusque-là fidèles au système de Descartes ont, de guerre lasse, renoncé à sa défense. C'est que cette théorie, essentiellement fondée sur le raisonnement, ne pouvait, comme celle de l'attraction, dissimuler ses erreurs en les cachant dans des abstractions mathématiques dénuées de toute valeur physique. Il a donc fallu se résigner, bon gré, mal gré, à reconnaître que le principe cartésien, tel qu'il était établi, ne pouvait ni expliquer d'une manière satisfaisante chaque phénomène céleste, ni répondre victorieusement à toutes les objections que soulevait son analyse.

Et cependant, la science, en abandonnant le système des tourbillons, a voulu lui laisser un dernier témoignage d'estime, en le proclamant une brillante erreur.

En même temps, le système de l'attraction newtonienne qui n'avait plus de contradicteurs, ni même de contrôleurs, s'est rapidement répandu dans tous les lieux du monde où les sciences européennes se cultivent. Partout il s'est fait accepter comme l'expression d'une glorieuse vérité à laquelle on ne pouvait faire qu'un reproche, c'était d'être trop sublime pour être comprise par les intelligences vulgaires.

Mais, à la masse de ceux dont l'intelligence ne peut, dit-on, s'élever à la hauteur des idées de Newton, on verra bientôt s'ajouter un nombre considérable de savants qui, devant les erreurs grossières que je relèverai, seront un jour ou l'autre forcés de convenir qu'ils ne s'étaient jamais fait une idée bien nette des principes de la gravité réciproque.

Pour s'excuser d'y avoir adhéré, ils devront avouer, et cela en toute vérité, qu'ils n'avaient pas cru nécessaire de soumettre à un examen bien approfondi une théorie dont l'évidence mathématique leur était garantie par les plus grands géomètres.

Ce n'est en effet qu'à la confiance sans borne que nous inspirent quelques rares mathématiciens, et non à la force de l'évidence qu'on dit répandue sur un système très-peu étudié, que les principes de Newton doivent leur prodigieux succès. C'est là un fait qu'il importe de constater, et qu'il ne faut pas nous lasser de répéter, afin que la postérité puisse s'expliquer un jour comment la singulière théorie de l'attraction dans le vide a pu, dans un siècle de lumières, exciter l'admiration générale et s'imposer à tous les esprits. Il est en effet impossible de nier que le système de Newton n'est l'œuvre que d'un très-petit nombre de géomètres que la plupart des savants ont crus sur parole et qui doivent être seuls responsables des erreurs propagées depuis tant d'années, sous l'étiquette trompeuse de vérités inaccessibles au commun des hommes.

On verra d'ailleurs par mes analyses, que les erreurs n'existent pas proprement dans les calculs et encore moins dans les observations astronomiques, dont on ne saurait assez admirer l'étonnante précision. Les erreurs se trouvent, premièrement dans des interprétations vicieuses qu'on s'est trop hâté de donner à des observations incomplètes, faites il y a 260 ans, et secondement dans des inductions impossibles, tirées de calculs dont on n'a pas compris la signification réelle.

Le travail que je soumets aux méditations des penseurs, rendra ces erreurs palpables, et démontrera qu'on s'est autant trompé en abandonnant entièrement le système de Descartes, qu'en adoptant exclusivement celui de Newton.

On reconnaîtra que le premier de ces systèmes mérite mieux que le nom de brillante erreur, et que le dernier est loin de justifier les éloges excessifs qu'on lui a toujours prodigués , tout en lui faisant subir de constantes modifications. Ces deux systèmes ne devaient en faire qu'un seul. Ils renferment, au milieu de leurs erreurs , deux vérités auxquelles, en les séparant sous prétexte d'incompatibilité, on a enlevé toute force et toute évidence. Les tourbillons et l'attraction sont deux vérités solidaires qui ne nous ont paru étrangères l'une à l'autre , que parce que nous n'avons pas réussi à les découvrir simultanément, bien que l'attraction soit une conséquence des tourbillons. En découvrant l'existence de l'attraction isolément, confusément, et longtemps après l'établissement de la doctrine des tourbillons , la pensée que ces deux principes pouvaient avoir ensemble quelque relation , ne s'est pas présentée à l'esprit, et cependant on aurait dû pressentir que si, malgré son extrême probabilité, le système des tourbillons ne donnait pas l'explication de tous les détails astronomiques, il ne fallait pas en conclure qu'il était faux , mais que sans doute il lui manquait quelque chose pour être l'expression complète du véritable mécanisme de la sphère.

Et en effet la théorie cartésienne , telle que l'a exposée son illustre auteur, présente une lacune considérable.

Descartes a justement pensé, il est vrai, qu'un fluide invisible, répandu dans l'espace universel, doit être le puissant moteur dont Dieu se sert pour faire mouvoir le monde. Il a bien compris quelle devait être la forme de l'admirable machine qui propage le mouvement, d'un centre inconnu vers tous les points d'une sphère sans limites, car pour l'intelligent Descartes, le monde ne pouvait être qu'un immense tourbillon qui entraîne dans son mouvement de rotation des myriades d'autres tourbillons enclavés les uns dans les autres. Mais Descartes n'a pas découvert un fait d'une importance considérable , sans la connaissance duquel son ingénieuse pensée ne pouvait prendre un libre essor ni donner une idée complète du mécanisme de la sphère. Descartes n'a pas découvert que chaque tourbillon possède à son intérieur une force attractive qui précipite , ou tend à précipiter , de la circonférence au centre , tous les corps qu'il tient en suspension. Ainsi que j'en fournirai la preuve *matérielle* , cette force qui règne dans toute l'étendue d'un tourbillon, et *non au-delà,* est produite par la rotation de son noyau , lequel en se mouvant sur son axe , engendre le tourbillon et en même temps sa force attractive. Par la suite , je mettrai chacun à même d'en faire l'expérience, et d'acquérir la preuve que la rotation d'un corps dans un milieu fluide fait naître , suivant certains cas, la force centripète aussi bien que la force centrifuge.

L'ignorance fâcheuse où Descartes est resté de l'existence de la force centripète dont chaque tourbillon est doué, a ôté à son système la possibilité d'expliquer tous les phénomènes célestes. La théorie cartésienne perdait ainsi beaucoup de son évidence, et donnait lieu à mainte objection sérieuse. Aussi la faveur dont elle a joui tenait-elle plus à la manière heureuse dont elle rendait compte du mouvement *général* des planètes autour du soleil , et des satellites autour de leurs principales, qu'à l'exactitude des explications qu'elle fournissait des phénomènes particuliers. Quand on pénétrait dans les détails, les penseurs impartiaux se trouvaient moins satisfaits et rencontraient des difficultés dont on cherchait vainement la solution , soit dans le système lui-même , soit en dehors de l'idée cartésienne.

C'était surtout en Angleterre que l'élite des mathématiciens faisait les plus grands efforts pour trouver au mécanisme de l'univers une interprétation plus satisfaisante que celle que donnait la doctrine des tourbillons. Déjà Wren, Hook, Halley avaient échoué et l'on désespérait presque du succès, lorsque Newton qui se livrait avec ardeur aux mêmes recherches, trouve par une heureuse inspiration , la loi suivant laquelle l'attraction du tourbillon terrestre , comme de fait de tous les tourbillons, décroît en se propageant du centre vers la circonférence.

Cette importante découverte mettait Newton à même d'achever le développement de la doctrine des tourbillons et d'y trouver l'explication et la prévision de si nombreux phénomènes, que la théorie eût bientôt pu passer pour son œuvre plutôt que pour celui de Descartes.

Malheureusement pour la science, Newton n'a compris ni la nature, ni la véritable portée de sa découverte. Il a voulu isoler son idée de l'idée de Descartes, et aussitôt il s'est jeté dans un labyrinthe inextricable d'erreurs où nous l'avons suivi, hélas ! et d'où l'esprit humain ne parvient pas à sortir.

Faite par Descartes, la découverte de Newton eût affermi pour toujours le système des tourbillons, car en constatant que la terre est douée d'une force attractive qui émane de son centre et se propage jusqu'à la lune et au-delà, divergeant vers tous les points de l'espace, en diminuant d'énergie, en raison inverse du carré des distances, en constatant, dis-je, l'existence de cette force, Descartes eût probablement reconnu qu'elle était inhérente au tourbillon terrestre et qu'elle devait se retrouver dans tous les tourbillons qui remplissent l'espace universel. Il avait en effet un intérêt personnel à rattacher à son système chaque phénomène bien constaté qui pouvait servir à l'explication des révolutions des astres, et ses recherches, stimulées par l'amour-propre et éclairées par la vérité qu'il avait pour lui, devaient lui faire trouver aisément la relation intime qui existe bien réellement entre l'attraction et les tourbillons.

Newton, lui, poursuivait ses investigations dans une disposition d'esprit bien différente. Il ne demandait pas à faire triompher le système cartésien ; il voulait au contraire le renverser en trouvant mieux. En découvrant donc la loi qui règle la puissance de l'attraction, il s'est imaginé tout naturellement qu'il avait mis la main sur l'élément d'une théorie nouvelle, étrangère à l'idée des tourbillons. Jamais il ne lui est venu à la pensée d'examiner si l'attraction ne pourrait pas s'adapter au principe cartésien et conduire ainsi à une explication plus claire et plus complète des phénomènes célestes. Loin d'en concevoir l'idée, il s'est au contraire empressé de supprimer les tourbillons en faisant le vide dans l'espace. Dès-lors la philosophie de l'astronomie s'est trouvée plongée dans une profonde obscurité. Abandonnée aux creuses élucubrations de quelques mathématiciens exclusifs, elle n'a su leur inspirer que les plus étranges combinaisons que l'homme pût inventer pour expliquer des effets incompris, par une cause partiellement entrevue et mal interprétée.

Du reste Newton, pas plus que Descartes, ne pouvait, de son temps, rendre nettement compte des mouvements détaillés de la sphère. Deux obstacles s'y opposaient : premièrement l'état peu avancé de l'astronomie physique, et secondement la fausse idée que l'on avait de la nature des courbes décrites par les planètes. Kepler avait persuadé aux astronomes que toutes les planètes décrivent des ellipses, tandis que les observations modernes ont prouvé que l'ellipse n'est qu'une représentation *grossière* des orbites planétaires.

Newton avait donc entrepris de découvrir le secret de la mécanique céleste, dans des conditions qui rendaient impossible le succès complet de ses recherches. Et lorsqu'il a cru avoir trouvé la clé des phénomènes, il n'a fait qu'ajouter de nouvelles erreurs aux erreurs déjà existantes, en obscurcissant ainsi de plus en plus le mystère qu'il voulait éclaircir.

Il ne pouvait notamment commettre de faute plus regrettable que celle qu'il a faite en rejetant les tourbillons de Descartes, au sein desquels s'engendre l'attraction ; car cette erreur qui rendait l'existence de la gravité inexplicable, devait fatalement entraîner Newton dans une foule de conjectures malheureuses, qui élevaient entre lui et la vérité une barrière infranchissable.

Sans les tourbillons, Newton ne pouvait plus concevoir qu'une idée vague de la nature et de l'action de la gravité, quoiqu'il eût exactement déterminé de combien elle décroît à mesure que la distance augmente. Il convenait lui-même, d'abord, que sa découverte se réduisait à la détermination de la loi d'une force inconnue dont il ne pouvait préciser, disait-il, ni le siége, ni la nature, ni le mode d'action. Et cependant c'est à l'aide d'une idée aussi confuse du ressort qui fait mouvoir l'univers, que Newton a prétendu rendre compte de tous les phénomènes célestes! Pouvait-il être plus téméraire, ou plutôt plus inconséquent? Et n'aurait-il pas fallu un miracle pour lui faire trouver l'explication raisonnable des mouvements des astres avec le seul renseignement que lui fournissait son calcul sur la lune, à savoir que l'énergie de l'attraction diminue en raison inverse du carré des distances?

C'est là en effet tout ce que Newton a découvert. Aussi, dès qu'il a voulu expliquer les phénomènes célestes, Newton a été obligé d'ajouter à sa découverte mathématique quelques hypothèses qui pussent combler les lacunes que laissait dans le véritable système de la nature la suppression des tourbillons. Il suppose d'abord que l'attraction, dont il ne connaît pas le mode d'action, agit à distance et sans intermédiaire, c'est-à-dire à travers le vide. Pourquoi cette supposition? Rien dans son calcul sur l'attraction terrestre ne l'autorisait à la faire. Ce n'était qu'une hypothèse gratuite, que lui dictait sans doute son désir de renverser les tourbillons.

Ensuite Newton, qui ignore où est le siége de l'attraction, suppose, affirme même qu'elle est inhérente à chaque molécule matérielle, comme si ce n'était pas signaler, avec la plus minutieuse précision, le siége de cette force inconnue? Avec une naïveté inouïe, il prend aussitôt cette hypothèse pour une vérité dont il doit la découverte à son calcul sur la chute de la lune, et cependant ce n'était que l'hypothèse la plus arbitraire et la plus injustifiable qu'il pût imaginer. Cette idée sans fondement était d'autant plus fâcheuse qu'elle allait avoir les plus graves conséquences pour l'avenir de l'astrotronomie, puisqu'il résultait de cette attraction moléculaire que tous les corps de la nature devaient s'attirer réciproquement et produire des dérangements perpétuels dans leur marche normale. Bien mieux, tous les corps disséminés dans l'espace ne devaient-ils pas se précipiter les uns sur les autres et finir par former dans l'univers un seul bloc de matière ? C'est ce que l'on a vainement objecté au système de Newton. Le fanatisme newtonien n'en a tenu aucun compte.

En introduisant dans son système l'hypothèse que tous les corps s'attirent réciproquement, Newton ne pensait guère aux tribulations et aux ennuis qu'il préparait aux astronomes futurs. Il n'y pouvait penser, parce qu'il ne prévoyait pas que les observations célestes infirmeraient bientôt le principe elliptique établi par Kepler, et qu'un jour le système de l'attraction réciproque, loin de faire connaître le mécanisme du monde aux astronomes, ne servirait qu'à le leur cacher et à les empêcher de découvrir leurs erreurs. En effet, lorsque l'observation des inégalités des mouvements de Jupiter et de Saturne eurent commencé à faire douter de la marche elliptique des planètes, en faisant voir que leur vitesse ne répond pas toujours à celle que leur prête l'hypothèse de Kepler, les astronomes trompés par la théorie de l'attraction réciproque de tous les corps, se sont figuré que lorsqu'une planète sort de son ellipse, ça ne peut être qu'en vertu d'une attraction exercée sur elle par quelque autre planète voisine. Alors nos plus célèbres géomètres ont mis leur gloire à démontrer, par des calculs compliqués, comment telle planète donnée avait été troublée par telle autre, lorsqu'elle ne se trouvait pas à la place que les astronomes lui avaient assignée à l'avance. Or, la déraisonnable pensée d'admettre d'incessantes perturbations dans l'économie de la sphère, ne serait jamais venue à l'esprit des astronomes, si Newton ne leur avait pas enseigné, sans preuve à l'appui, que tous les corps s'attirent réciproquement par suite de l'attraction qu'il suppose inhérente à chaque molécule matérielle.

Ce principe étant une fois admis, les observations qui venaient pour ainsi-dire nous montrer du doigt l'erreur de la loi elliptique, ont été considérées comme une confirmation du système de l'attraction moléculaire, et lorsqu'elles auraient pu et dû nous tirer de nos erreurs, elles n'ont fait que nous y enfoncer plus avant et augmenter, au grand ennui des calculateurs, le nombre des perturbations à calculer. Aujourd'hui on connaît plus de 50 planètes, grosses ou petites, qui se rient des efforts tentés pour les soumettre au régime des perturbations, et rien ne dit que leur nombre n'augmentera pas encore.

L'allure inexplicable de tant de planètes met les astronomes dans l'impuissance de faire jamais accorder les observations célestes avec le système elliptique et celui de l'attraction réciproque, deux principes aussi faux l'un que l'autre.

Mais, y parviendraient-ils à l'aide de leurs vains calculs, qu'il leur resterait encore à répondre à une objection écrasante qu'il suffit de signaler pour renverser tout l'échafaudage du système de Newton. Cette objection se trouve dans la fausse application que l'on a faite à la mécanique céleste, du principe de la force centrifuge dont on reconnaît bien les effets dans l'aplatissement des planètes, mais nulle part ailleurs dans le ciel.

C'est un principe admis par les géomètres que tout mouvement est par lui-même rectiligne; un corps qui se meut ne peut décrire une courbe qu'autant qu'une autre impulsion , sans cesse renouvelée , le fait à chaque instant changer de direction. D'après ce principe , Newton avait imaginé : premièrement que les planètes ont reçu de Dieu la propriété de se mouvoir en vertu d'une impulsion qu'il leur a une fois donnée ; et secondement que chaque planète étant sollicitée vers le soleil par la puissance attractive de cet astre, chacune s'abaisse constamment sous la ligne droite qu'elle tend à parcourir en vertu de l'impulsion primitive , et qu'elle suivrait, dit-on, si elle n'en était empêchée par la gravité solaire.

Cette ingénieuse conception rendait les tourbillons inutiles, puisqu'elle fait comprendre, quand on ne l'approfondit pas , pourquoi les planètes tournent autour du soleil. Cependant la théorie ainsi exposée présente à l'astronome une difficulté qui aurait dû la faire rejeter par la science , aussitôt que Newton l'a proposée comme une explication générale et raisonnée des révolutions des planètes.

En effet, suivant le principe de Newton , toute planète doit décrire un cercle parfait autour du soleil , lorsque sa vitesse de circulation est telle que la force centrifuge produite par cette vitesse, égale la force centripète produite par l'attraction solaire.

Mais si ces deux forces ne se balancent pas exactement, si, par exemple, l'attraction l'emporte sur la force centrifuge, le corps doit circuler *en se rapprochant* du soleil. Si, au contraire, c'est la force centrifuge qui prévaut, le mobile opèrera son mouvement de translation *en s'éloignant* de l'astre radieux. La pensée de Newton était ainsi trop clairement exprimée pour donner lieu à aucune équivoque, son raisonnement était au fond parfaitement logique. Il a donc pu séduire, tant qu'on n'a pas pris la peine de comparer les phénomènes observés avec les déductions qui se tirent de la théorie. Mais comment a-t-on pu persister ensuite dans l'adhésion donnée à cette interprétation du mouvement oscillé des planètes, après qu'on a eu pris la peine de se reporter aux faits, et après avoir alors nécessairement reconnu que le principe de la force centrifuge, appliqué aux révolutions planétaires, est en *complète* et *constante* contradiction avec ce qui se passe dans le ciel?

En effet, de l'aveu des astronomes, aussitôt et tout le temps qu'une planète se rapproche du soleil, on voit sa vitesse de translation s'accélérer, tandis qu'au contraire, la vitesse se ralentit aussitôt et tout le temps que la planète s'éloigne de l'astre radieux.

Le fait n'est donc *jamais* une seule minute d'accord avec la théorie qui veut que la planète s'éloigne quand sa vitesse augmente, et réciproquement.

Devant une erreur aussi manifeste, ou plutôt devant une hypothèse que l'on soutient aussi audacieusement et depuis si longtemps, malgré sa palpable et radicale fausseté, l'esprit reste frappé de stupeur. On croit rêver, on se demande si le système de Newton a réellement pu passer aux yeux des géomètres et des astronomes pour un chef-d'œuvre d'intelligence, ou s'il ne serait pas plutôt une simple fiction à l'usage spécial de ce nombreux public qui, pour tout ce qui regarde les phénomènes célestes, s'en rapporte sans examen aux astronomes.

Cette dernière supposition semble presque justifiée par un autre fait à peine croyable, et dont peu de personnes se doutent, même parmi les astronomes. Ce fait qui devra paraître inadmissible, c'est que Newton ne connaissait pas *à beaucoup près* la véritable distance du soleil à la terre. De sorte qu'il est mathématiquement impossible qu'il ait fait le moindre calcul à peu près exact sur la puissance attractive du soleil, et sur sa valeur relative, comparée à celle de la terre.

Pour juger de combien Newton a dû se tromper lorsqu'il a cherché à déterminer la valeur de l'attraction solaire, c'est-à-dire la mesure de son action sur la terre, mesure *qui dépend de sa distance,* il faut considérer que la véritable distance moyenne du soleil jusqu'au globe terrestre, est de 23,984 rayons terrestres, soit de 38 millions de lieues de 4 kilomètres, tandis qu'au temps de Newton, on ne croyait cette distance que de 7,000 rayons (11 millions de lieues) d'après l'évaluation de Riccioli, ou seulement de 5,250 rayons (8 millions 400 mille lieues) suivant l'opinion plus récemment émise par Hévélius. On faisait donc une erreur de 27 à 30 millions de lieues, et cependant on a voulu, on veut encore que Newton ait tout calculé, tout prévu, tout expliqué, bien que la découverte qu'il a faite que l'attraction de la terre diminue d'énergie en raison inverse du carré des distances, rende indispensable la connaissance de la distance d'un corps pour évaluer son attraction.

En nous affirmant, avec autant d'assurance, que Newton a tout calculé et qu'il a donné l'explication mathématique de *tous* les phénomènes célestes, les astronomes se trompent-ils ou nous trompent-ils ? C'est ce qu'il est difficile de dire, l'un n'étant pas moins étrange que l'autre. Mais il est à remarquer que les savants qui ont fait une étude un peu sérieuse de l'histoire de l'attraction newtonienne, prétendent que Newton n'a pas fait connaître la méthode dont il s'est servi pour calculer les éléments de notre système solaire, comme par exemple la valeur de l'attraction du soleil et de chaque planète ; les densités de ces différents corps célestes, la valeur des chutes abstraites des planètes vers leur centre commun de gravitation et de la chute des graves au soleil, etc. Or, tout en ignorant de quelle manière Newton s'y est pris pour faire ses calculs, les géomètres n'ont certainement pas été assez irréfléchis pour ne pas songer que Newton qui croyait le soleil à 5,250 ou tout au plus à 7,000 rayons terrestres, n'avait pu arriver aux mêmes résultats que ceux que l'on obtient, en admettant comme base du calcul, que le soleil est éloigné de nous de près de 24,000 des mêmes rayons. Il est encore plus certain que les géomètres, propagateurs du newtonianisme, n'ont pas eu la naïveté de croire que Newton pouvait avoir connu une méthode secrète pour établir mathématiquement qu'une force exprimée par 5 ou 7 mille unités, donne (toute chose égale d'ailleurs) le même produit que cette force augmentée de 17 mille des mêmes unités.

C'est donc avec préméditation qu'on laisse l'étudiant dans l'erreur en ne le prévenant pas des différences énormes qui existent entre les résultats des calculs de Newton achevés en 1685 et ceux des géomètres modernes faits en 1769 ou plus tard sans doute.

En se taisant sur une circonstance aussi importante, les astronomes savaient d'avance comment leur silence serait interprété par les disciples de l'école newtonienne. Chacun devait rester convaincu, comme cela est effectivement arrivé, que les valeurs qu'on donne aujourd'hui aux éléments de notre système solaire ou planétaire, n'ont jamais varié, et sont par conséquent celles-là même que Newton a déduites de ses calculs. Autrement, comment pourrait-on concevoir que Newton a tout calculé, tout prévu à l'avance, et *qu'il n'a rien ou presque rien laissé à faire à ses successeurs ?* Ce langage qu'on ne saura bientôt comment qualifier, n'est que l'écho prolongé de ce qui s'est dit en Angleterre le jour même où Newton fit présenter le manuscrit de ses principes aux savants de la Société royale de Londres.

Ce jour-là, 28 avril 1686, avant qu'on eût eu le temps d'examiner avec quelque attention le manuscrit de Newton, sir John Hoskins, vice-président de la Société, déclarait que l'auteur avait porté les choses si loin *qu'il était impossible d'y rien ajouter.* Or, n'est-ce pas ce que les traités d'astronomie affirment encore maintenant, tout en nous instruisant en partie , des nombreuses modifications que le système de Newton a subies , mais sans laisser échapper un mot qui puisse révéler les énormes différences qui existent entre les anciens et les nouveaux calculs ?

Pour l'édification du lecteur , je donnerai ici quelques exemples de ces différences et des modifications qu'il a fallu apporter aux résultats des calculs de 1685 , pour conserver à la théorie un accord apparent avec les phénomènes célestes.

Lorsque Newton a voulu déterminer le rapport numérique qui existe entre l'attraction de la terre et celle du soleil , il a dû trouver que le soleil attirait comme le feraient 3,672 terres, s'il a supposé, avec Hévélius, la distance de l'astre égale à 5,250 rayons terrestres, ou comme 8,806 terres , s'il a admis la distance de 7,000 rayons , suivant la conjecture plus ancienne de Riccioli.

Or , depuis 1769 on enseigne que le soleil attire comme 354,936 terres, parce qu'on a reconnu que l'astre est à 23,984 rayons terrestres de nous.

En outre , en se basant sur la distance solaire déterminée en 1769 , les modernes ont trouvé que la terre, accomplissant sa révolution annuelle en 365 jours un quart , s'abaisse sous la tangente à chaque arc qu'elle décrit en une minute , de la quantité de 10 mètres 86 centimètres , tandis que Newton n'a pu trouver cette descente qu'égale à 3 mètres 17 centimètres au plus, suivant la distance Riccioli, ou seulement à 2 mètres 38 centimètres, d'après la distance Hévélius, puis en augmentant cette valeur en raison inverse du carré des distances, Newton en aura déduit que , près de la surface du soleil, les graves se précipitent sur cet astre avec une vitesse de 41 mètres 7 centimètres dans la première seconde, ou peut-être de 30 mètres 80 centimètres seulement, s'il a adopté la distance Hévélius pour base de son calcul. Mais maintenant on nous apprend que la chute des graves au soleil s'effectue avec une vitesse de 141 mètres dans la première seconde.

Ces différences n'étaient-elles pas assez considérables pour qu'il valût la peine d'en parler? Et le silence qu'on garde à leur égard ne prouve-t-il pas que les apôtres du newtonianisme ont bien compris qu'il était impossible de les révéler au public , sans faire perdre instantanément au système tout le crédit dont il jouit dans l'esprit des savants et des penseurs?

Mais peut-être pensera-t-on que je dois me tromper lorsque j'avance que Newton ne connaissait pas l'énorme éloignement du soleil jusqu'à nous, et l'on sera curieux de savoir sans doute sur quelle autorité je fonde une assertion aussi opposée au dire des honorables astronomes qui affirment que Newton a tout calculé, tout expliqué , tout prévu , *jusqu'aux plus faibles perturbations.*

Or , mon autorité est celle de l'illustre auteur de l'Astronomie populaire qui nous donne , sans y penser et en enfant terrible de la science , les preuves incontestables de l'ignorance où Newton a toujours été de la valeur réelle d'un rayon moyen de l'écliptique.

En effet, qu'on ouvre le tome III de l'Astronomie populaire, et l'on trouvera au chapitre xxx du livre xx des détails qui dissiperont les doutes des plus incrédules. Dans ce chapitre, où F. Arago fait l'historique des recherches sur la distance solaire, l'illustre savant nous apprend, entre autres, que cette distance avait été estimée par Kepler à 3,500 rayons terrestres ; que Riccioli avait ensuite doublé cette valeur, tandis qu'Hévélius ne l'augmentait que de moitié.

Or, Riccioli n'est mort qu'en 1661 , cinq ans avant les premières tentatives que fit Newton pour découvrir la loi de la décroissance de l'attraction. Hévélius a vécu jusqu'en 1687 , année où la Société royale de Londres fit publier à ses frais les principes mathématiques de la philosophie naturelle , œuvre presque divinisée, où Newton a exposé sa doctrine de l'attraction universelle et réciproque.

Puisque Newton avait déjà mis la dernière main à son manuscrit en 1687, et qu'il fit ses calculs dans les années 1682 à 1685, comme nous l'apprennent ses biographes, il est incontestable que, pour calculer la valeur de l'attraction du soleil et ses effets sur la terre, il a dû adopter l'une des deux distances qu'Hévélius et Riccioli supposaient au soleil : donc 7,000 rayons ou 5,250, ainsi que je l'ai avancé plus haut, sur la foi d'Arago.

J'ajoute que, pendant 30 ans, Newton n'a eu aucune raison de rien changer à ses calculs, car jusqu'en 1716, les astronomes ne hasardèrent aucune nouvelle conjecture sur la distance solaire. Son système put donc, pendant ces trente années, passer impunément pour la plus sublime conception de l'esprit humain, et Newton, pendant tout ce temps, a vu sa réputation grandir et atteindre une hauteur colossale.

Rien depuis ce moment ne devait plus être capable d'affaiblir, dans l'opinion des savants, l'idée exagérée qu'ils se sont faite de sa prodigieuse intelligence. Les phénomènes célestes ont pu être ce qu'ils ont voulu ; Mercure, Jupiter, Saturne, Uranus, Neptune et une foule d'astéroïdes ont pu s'abandonner à l'allure la plus anti-elliptique et la plus compromettante pour la théorie de l'attraction réciproque, sans diminuer en rien l'admiration aveugle que les principes de Newton excitent depuis maintenant 183 ans.

Et cependant dès l'année 1716, la solidité de ces principes était indirectement mise en question par le célèbre Halley, l'un des plus chauds admirateurs de Newton, celui-là qui fut chargé par la Société royale de Londres de surveiller l'impression du manuscrit des principes.

Arago nous apprend, dans le chapitre précité de son astronomie, qu'en 1716 Halley publia un mémoire célèbre,

dans lequel il fait valoir diverses considérations , peu sérieuses
d'ailleurs , tendant à établir la possibilité que le soleil fût plus
éloigné de nous que Riccioli et surtout Hévélius ne l'avaient
supposé ; il concluait en s'arrêtant à la pensée que la distance
solaire pouvait être égale à 16,500 rayons. C'était plus que
doubler la distance admise arbitrairement par Riccioli ; c'était
presque tripler celle d'Hévélius.

Ici s'offrait pour Arago une occasion toute naturelle de
nous parler des modifications que cette nouvelle conjecture,
si elle se vérifiait, devait amener dans les calculs de Newton.
Mais Arago se garde d'y faire la moindre allusion, pas plus
dans ce chapitre que dans aucun autre, et lui, qui nous
donne des détails si minutieux, si longs, sur les chutes de
pierres et sur leurs dates, néglige de nous entretenir des
corrections importantes qui ont été nécessairement faites aux
calculs de Newton. Cependant nous devons savoir gré à Arago
des renseignements qu'il a le courage de nous fournir sur les
différentes notions que les astronomes ont progressivement
conçues de la distance à laquelle nous sommes du soleil, car,
grâce à ces renseignements et en nous aidant d'une bio-
graphie de Newton , nous pouvons juger avec quelque certi-
tude de l'époque à laquelle ont eu lieu les premières corrections faites à ses calculs.

Ainsi nous lisons dans l'Astronomie populaire que , dès
1719 , Pound et Bradley étaient parvenus à déduire de la
parallaxe de Mars une parallaxe solaire égale à une distance
de 20.626 rayons solaires. D'autre part nous voyons dans la
vie de Newton , écrite par M. Brewster, qu'en 1726 une troisième édition *des principes* parut *avec de nombreux changements.*
Il est donc permis de croire que parmi ces changements fi-
guraient ceux que les nouvelles notions sur la distance solaire avaient rendus nécessaires. Cette troisième édition devait
conséquemment nous apprendre que le soleil attirait comme

le feraient 206,306 terres ; que la terre s'abaissait sous la tangente de $9^m,32$ par minute et que la chute des graves au soleil était de $121^m,25$ pendant la première seconde. Mais nous ne savons si les savants firent attention que ces corrections affaiblissaient beaucoup l'évidence et la solidité des principes newtoniens qui n'avaient tant séduit les membres de la Société royale de Londres que parce que *Newton avait porté les choses si loin qu'il était impossible d'y rien ajouter*, et que, suivant la remarque de sir John Hoskins, la doctrine avait été *inventée* et *perfectionnée en même temps*.

Mais les corrections de 1726 durent, plus tard, être encore corrigées. Quarante-deux ans après la mort de Newton, qui arriva en 1727, on reconnut définitivement que le soleil est à près de 24 mille rayons terrestres de notre globe. C'est seulement à partir de cette époque que l'on a pu calculer les éléments de notre système solaire et leur assigner les valeurs que l'on trouve aujourd'hui dans tous les traités d'astronomie.

Je le demande, si tous ces changements apportés aux calculs de Newton avaient été divulgués, la doctrine de l'attraction réciproque jouirait-elle encore de la considération qu'on lui accorde, et repousserait-on avec tant de dédain les efforts des penseurs qui cherchent à ramener la science dans la voie lumineuse où Descartes l'avait fait entrer ? Évidemment non. L'intelligence humaine n'a pas dégénéré ; elle n'a été que séduite par les illusions du calcul. J'ose espérer que le rapide exposé que je viens de faire des erreurs commises par les hommes qui ont persisté à isoler l'idée de l'attraction de celle des tourbillons, amoindrira les préventions contre lesquelles j'aurai à lutter pour faire triompher le nouveau principe cartésien dont je me fais le champion.

La tâche que j'entreprends est difficile, surtout pour moi ; je ne me le cache pas. Mais qu'il plaise à Dieu de faire tomber cette feuille, et celles qui la suivront, sous les yeux d'un seul savant impartial, dont le nom ait quelque autorité et qui, cédant à la puissance des faits et de la logique, daigne m'honorer de son suffrage, et l'on verra la vérité que je prêche faire son chemin à pas de géant dans le monde scientifique.

Cet avant-propos n'a d'autre but que d'éveiller l'attention des savants et des penseurs sur le long travail que je me propose de soumettre à leurs méditations. Je publierai mes idées par articles détachés, et par intervalles de quelques semaines, afin de ne pas effrayer mes lecteurs par la vue d'un volume de plusieurs centaines de pages, traitant uniquement d'un sujet qu'un fâcheux préjugé fait considérer à tort comme étant du ressort exclusif des mathématiques. C'est au contraire l'affaire de la logique d'exposer d'abord le système du monde dans son vrai jour, et d'établir les bases raisonnées du calcul, avant que le calculateur puisse accomplir avec succès la tâche qui lui incombe. Ce n'est que parce qu'on a méconnu cette vérité élémentaire, que la philosophie de l'Astronomie est aujourd'hui si obscure et si fâcheusement arriérée, malgré les immenses, les prodigieux travaux de nos plus intelligents géomètres. Mais dès qu'ils auront accepté la fusion des principes rectifiés de Descartes et de Newton, la science aura bientôt conquis, par leur coopération, les droits les plus incontestables à la haute réputation que les mathématiciens ne lui ont encore faite que sous l'empire et à la faveur de leurs illusions.

Joseph LAVEZZARI.

Beaurain-Château (Pas-de-Calais). Novembre 1860.

Amiens. — Imp. de Ve HERMENT, place Périgord, 3.

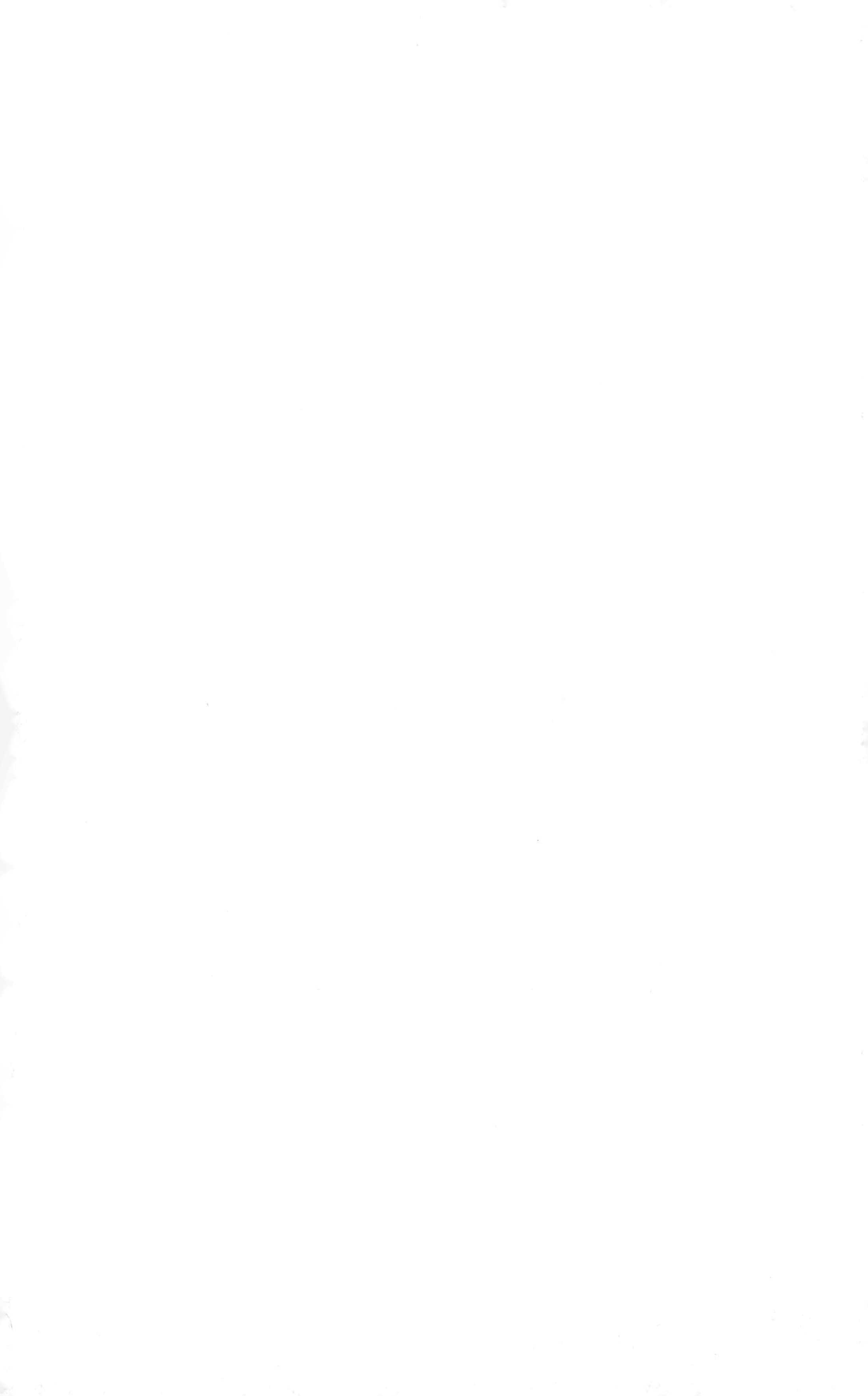